Zum Ablauf der Gottesdienste in diesem Band

Die folgende Ablaufbeschreibung will eine Hilfe sein für eine sinnvolle Strukturierung. Sie zeigt wesentliche Teile eines Wortgottesdienstes. Klar ist aber auch, dass sie manchmal auf den eigenen Bedarf und auf die spezielle Situation hin verändert werden muss.

- **Eingangslied:** Es führt auf das Thema hin und könnte in der Begrüßung danach aufgegriffen werden.
- **Beginn und Begrüßung/Impuls zum Thema:** Eine christliche Feier beginnt grundsätzlich mit dem Kreuzzeichen: „Im Namen des Vaters und des Sohnes und des Heiligen Geistes." Wenn alle daraufhin „Amen" sagen, dann ist damit gemeint: „Ja, so sei es! Ich glaube, dass wir in Gottes Namen zusammen sind und feiern."
- **Kyrierufe mit Kehrvers und Bußakt:** In diesem besonderen Gebet sprechen wir direkt Jesus an (darum diese Bezeichnung, die vom griechischen „Kyrios" (d. h. „Herr") abgeleitet ist. Wir sagen Jesus, was wir von ihm glauben und was er für uns ist, z. B. „Jesus, du bist das Licht!" oder „Jesus, du bist bei uns".
- **Lobpreis- oder/und Halleluja-Lied (entfällt in der Advents- und Fastenzeit):** Es bringt die Freude zum Ausdruck, dass Gott sich den Menschen zuwendet. Die gleiche Funktion hat das Glorialied in der Feier der Heiligen Messe.
- **Bibellesung, meist in erzählender Form (mit Angabe der Schriftstelle):** In den vorliegenden Gottesdienstmodellen sind die Bibelstellen frei und kindgemäß nacherzählt. Die Bibelstellen und ihre Parallelstellen sind angegeben. Grundsätzlich ist es wichtig, dass sich das Vorbereitungsteam und die der Feier vorstehende Person mit der Stelle aus der Heiligen Schrift persönlich auseinandersetzen: Was sagt mir der Text und was möchte ich dazu sagen? Darum kann die abgedruckte Erzählform in den einzelnen Modellen wiederum „nur" ein Vorschlag sein.

- **Aktion (eventuell auch ein Spiellied):** Die Kinder dürfen aktiv und bewegt mitmachen, was zum Beispiel auch in Form eines Spielliedes oder eines szenischen Spieles geschieht.
- **(Für-)Bitten:** In den Modellen finden sich viele Anregungen zu weniger oder mehr ausformulierten Bittmotiven, die jederzeit durch eigene, persönliche (Für-)Bitten ergänzt werden können. – Wenn nicht anders angegeben, antworten die Gläubigen auf die Fürbitte: „Wir bitten dich, erhöre uns." Dieser Gebetsruf kann auch gesungen werden.
- **Vaterunser:** Dieses Gebet verbindet uns direkt mit der Gebetspraxis Jesu. Es ist ein biblisches Gebet und hat in der Heiligen Schrift seinen Ursprung (vgl. Mt 6,9–13). Das Vaterunser ist ein wesentlicher Bestandteil des Gottesdienstes und wird oft als Zusammenfassung der Fürbitten gesehen. Das Vaterunser kann auch feierlich gesungen werden.
- **Friedensgruß:** Friede bedeutet mehr als „nicht Krieg". Das hebräische Wort dafür, „Schalom", meint: Heil, Wohlergehen, Einigkeit, umfassende Gesundheit an Leib und Seele. Der Friedensgruß wiederum besteht eigentlich aus drei Teilen: Aus dem Friedensgebet der vorstehenden Person, aus der Zusage des Friedens und aus der Friedensgeste der Gläubigen.
- **Friedenslied:** Es wird von der feiernden Gemeinde gerne aufgenommen, wenn während des Friedensgrußes ein Friedenslied gesungen wird, um die Aussage, dass man sich gegenseitig den Frieden wünscht, zu unterstreichen.
- **Dankgebet:** Dieses Gebet hat einen zusammenfassenden Charakter. Es bringt die menschliche Antwort auf ein vorausgehendes Handeln Gottes gegenüber uns Menschen zum Ausdruck. Darum haben Gebete meistens einen strukturierten Aufbau, der zugleich eine gute Formulierungshilfe bietet: die Gebetseinladung, die Anrede an Gott, den Lobpreis Gottes für ein bestimmtes göttliches Handeln, die Bitte um göttliche Zuwendung und Hilfe, die Gebetsabschlussformel und das Amen. Was das Dankgebet betrifft, so wird natürlich ein Dankmotiv darin vorkommen.

Martin Göth / Paul Weininger

Aus unserer KiGo-Werkstatt

Kindergottesdienste im Advent

Für Kindergarten, Grundschule und Kinderkirche

DON BOSCO

Gottesdienst feiern mit Kindern

Die vorliegenden Wort-Gottes-Feiern haben Kinder im Alter von vier bis acht Jahren im Blick. Dazu gedacht werden können natürlich alle kleineren Kinder, alle Grundschulkinder und alle Eltern bzw. Großeltern. – Zentral ist in diesen Feiern das „Wort Gottes“, die Frohe Botschaft des Evangeliums und zunächst nicht die Eucharistie- oder Abendmahlsfeier. Die Kinder können so im liturgischen Raum und Rahmen mit einer ihnen gemäßen Form des Gottesdienstes vertraut werden und in den Ablauf der großen Feier von Eucharistie bzw. Abendmahl hineinwachsen. Dennoch ist es möglich, die Gottesdienste in einen Sonntagsgottesdienst mit Eucharistiefeier zu integrieren.

Der vorliegende Band bietet Gottesdienstmodelle für den Kirchenraum an. Dadurch wird das Gotteshaus als zentraler Ort für den Gottesdienst herausgehoben. Natürlich sind die Feiern auch denkbar im Freien, in einem Gemeindesaal oder im Stuhlkreis der Gruppe (Kindergarten/Schule). In solchen Fällen bietet sich der Einsatz einer Jesus-Kerze an, eine große Kerze, die das Zentrum des Kreises bildet und mit passenden Wachssymbolen verziert ist. Zu Beginn der Feier wird sie angezündet und bietet schon kleinen Kindern ein vertrautes und verbindendes Signal.

Den Gottesdienstmodellen sind jeweils Hinweise für das Vorbereitungsteam vorangestellt mit einer inhaltlichen und/oder organisatorischen Einführung zum jeweiligen Gottesdienst.

Zu jedem Gottesdienst in diesem Buch gehören Materialvorlagen (Ausmalbilder, Bastelbogen, Vordrucke) oder Sticker als Zeichen/„Mitgebsel“, die die Kinder zum Schluss des Gottesdienstes und als Erinnerung erhalten. Über einen Zugangscode im Internet können diese Vorlagen kostenlos ausgedruckt werden (s. Seite 47).

- **Segen und Entlassung:** Eine Feier endet mit dem Segen für die Gemeinde und mit der Sendung der Gemeinde. Der/die Leiter/in kann die übliche Segensformel verwenden:
  L: „Es segne uns der gute Gott, der Vater, der Sohn und der Heilige Geist!“ (Dazu wird das Kreuzzeichen gemacht.)
  A: „Amen“.
  L: „Gehet hin in Frieden.“
  A: „Dank sei Gott, dem Herrn.“

  Bei besonderen Anlässen (z.B. Anfangs- oder Schlussgottesdienst) ist es ein eindrucksvolles Zeichen, Einzelsegen zu schenken. Dazu kommt jedes Kind nach vorne, die vorstehende Person fragt es nach dem Namen und segnet es ganz persönlich (z.B. durch Handauflegung auf den Kopf; die Eltern, oder ein/e Angehörige/r des Kindes könnten währenddessen die rechte Hand auf die Schulter des Kindes legen).
  Früher war der Segen noch stärker mit dem Gedanken der Sendung verbunden. Es hieß sinngemäß: „Geht hin, das ist Sendung!“ Wenn heute zugesprochen wird: „Gehet hin in Frieden!“, dann könnte uns dies noch einmal an den Friedensgruß erinnern: Wir schenken ihn uns gegenseitig. So könnte der Segen verstanden werden: „Gehet hin und gebt den Frieden unter den Menschen weiter!“ Segnen darf grundsätzlich jeder Mensch, sofern es tatsächlich in der Intention von „jemanden etwas Gutes zusagen“ (Lateinisch: benedicere) geschieht.
- **Schluss- oder Segenslied:** Zum Schluss sollte die ganze Gemeinde noch einmal in ein Lied einstimmen, um die Feier gemeinsam zu beenden.

„Seid wachsam!“

(Paul Weininger)

Für das Vorbereitungsteam

Ein Gottesdienst für die ganze Familie zum Adventsbeginn mit Adventskranz-segnung

Der günstigste Zeitpunkt für diesen Gottesdienst ist der frühe Samstagabend vor dem 1. Advent, wenn liturgisch gesehen bereits der erste Adventsonntag begonnen hat. Im Rahmen der Feier werden die Adventskränze, die die Familien mitgebracht haben, zum ersten Mal entzündet.

Für den Gottesdienst wird benötigt:

- Klangschale oder Gong oder Glocke
- Glöckchen/Schellen in einer ausreichenden Anzahl, die zu Beginn an einige Kinder verteilt werden
- Adventskranz für den Gottesdienstraum
- Die Familien bringen ihren Adventskranz zur Feier mit. Es können auch Adventskränze, die von einer Gruppe gebunden und verziert wurden, für einen gemeinnützigen Zweck angeboten werden.
- Zum Mitgeben am Ende des Gottesdienstes: Bildkarte Adventskranz (s. Seite 47)

Eingangslied Für Jesus will ich singen

Seite 38

Begrüßung

Nur die Jesus-Kerze brennt.
Heute beginnt die Adventszeit und damit auch ein neues Kirchenjahr. Ihr habt euren Adventskranz von zu Hause mitgebracht. Die Kerzen brennen noch nicht. Im Advent bereiten wir uns auf das Fest der Geburt Jesu vor. Jesus will bei uns ankommen, an Weihnachten – und an jedem Tag des Jahres.
Manchmal müssen wir aufpassen und wachsam sein, damit wir Jesus nicht übersehen und überhören. Wir müssen wachsam sein. Darum wollen wir jetzt in diesem Gottesdienst ganz genau auf die Botschaft des Adventskranzes hören. Liebe Kinder, einige von euch haben beim Hereinkommen ein kleines Glöckchen bekommen. Wir werden damit immer dann läuten, wenn etwas Wichtiges zu sagen ist. Wir läuten, wenn Jesus sagt: „Seid wachsam!" Wir läuten, wenn wir zu Gott beten wollen. Und wir läuten jetzt zu Beginn, weil wir nun Jesus in unserer Mitte grüßen *(Glöckchen läuten)*.

Kyrie

Zum Kyrie können Maranatha-Rufe (= Refrain des Liedes „Maranatha", S. 43) gesungen werden. Am Ende kann das ganze Lied gesungen werden.

Leiter/in: Jesus, das Volk Israel hat voller Sehnsucht auf das Erscheinen des Retters gewartet. Maranatha! Komm, Herr Jesus!

Alle: *Liedruf:* Maranatha! Komm, Herr Jesus, komm, und bring in unsre dunkle Welt Frieden und Schalom! *(Gesungen ohne Wiederholung)*

Leiter/in: Jesus, du hast den Menschen eine Frohe Botschaft verkündet und ihnen neue Hoffnung geschenkt. Maranatha! Komm, Herr Jesus!

Alle: *Liedruf:* Maranatha! Komm, Herr Jesus, komm, und bring in unsre dunkle Welt Frieden und Schalom! *(Gesungen ohne Wiederholung)*

Leiter/in: Jesus, du bist das Licht der Welt, das unser Leben hell machen will. Maranatha! Komm, Herr Jesus!

Alle: *Liedruf:* Maranatha! Komm, Herr Jesus, komm, und bring in unsre dunkle Welt Frieden und Schalom! *(Gesungen ohne Wiederholung)*

Hinführung zur Bibelstelle

Wir warten ganz ungeduldig auf Weihnachten, auf das Kommen Jesu. Auch die Freunde von Jesus müssen warten. Sie warten darauf, dass das Reich Gottes endlich kommt und alle ihre Sorgen und Nöte zu Ende sind. Sie wollen von Jesus wissen, wann es endlich so weit ist. Hören wir, was Jesus dazu zu sagen hat. Unsere Glöckchen werden uns dabei helfen.

Bibelstelle Vom Ende der Welt

Jesus kommt mit seinen Jüngern nach Jerusalem. Die Jünger hoffen, dass das Reich Gottes nun bald anbricht. Ungeduldig fragen sie Jesus:
Wann kommt Gott endlich mit seiner ganzen Macht und Herrlichkeit zu uns?
Da sagt Jesus zu ihnen: Seid vorsichtig und lasst euch von niemanden täuschen. Denn wann das Reich Gottes vollendet wird, das weiß Gott allein. Darum sage ich euch: Seid wachsam! *(Glöckchen)*
Niemand weiß, wann die Zeit da ist.

Es ist wie mit einem Mann, der sein Haus verlässt und auf Reisen geht. Nun müssen seine Diener für das Haus sorgen. Jedem übergibt er eine bestimmte Aufgabe. Die Aufgabe des Türhüters ist es, wachsam zu sein und die Rückkehr des Hausherren zu melden.
Darum sage ich euch: Seid wachsam! *(Glöckchen)*
Denn ihr wisst nicht, wann Gott zu euch kommen will. Wenn er kommt, soll er euch nicht schlafend finden.
Darum sage ich euch: Seid wachsam! *(Glöckchen)*
(Markus 13,33–37 // Matthäus 24,42; 25,13–30 // Lukas 12,39–46)

Aktion Adventskranz-Segnung

Dreimal habt ihr jetzt geläutet. Dreimal hat Jesus gesagt: „Seid wachsam!“ Und wir alle haben ganz genau hingehört! „Wachsam sein“ heißt also: aufmerksam hinhören. „Wachsam sein“ heißt aber auch: genau hinschauen. Dazu muss es hell sein. Wir brauchen Licht!
Deshalb zünden wir nun die erste Kerze am Adventskranz an und beten:

Leiter/in: Gott, du hast deinen Sohn als Licht in die Welt gesandt. Segne diese Kerzen. Sie mögen uns in den Tagen des Advents an Jesus Christus erinnern, der jeden Menschen erleuchten will. Wie wir an jedem Sonntag ein neues Licht an diesem Kranz entzünden, so lass uns in der Liebe Christi wachsen. Mach uns bereit für die Feier seiner Geburt und lass uns einmal seine Herrlichkeit voll Gnade und Wahrheit schauen. Darum bitten wir durch Christus, unsern Herrn. Amen.
(Aus: Benediktionale, Segnung des Adventskranzes S. 31)

Lied: Eine Kerze leuchtet weit

1. Strophe (Seite 42)

„Wachsam sein“ heißt:
ein offenes Ohr haben, um die Botschaft Gottes zu hören,
offene Augen haben, um die Not der Menschen zu sehen,
ein offenes Herz haben, um für andere da zu sein,
offene Hände haben, um den Menschen zu helfen.
Je mehr Kerzen am Adventskranz brennen,
umso heller wird es in einem Zimmer.
Je mehr wir uns füreinander öffnen,
umso heller und freundlicher wird es bei uns.
Das soll auch bei euch zu Hause so sein.
Darum lade ich euch jetzt ein, mit euren Adventskränzen nach vorne zu kommen und eure Kerze am Adventskranz zu entzünden.

Die Kinder und Erwachsenen kommen mit ihren Adventskränzen nach vorne. Am sichersten ist, wenn L und evtl. ein/e Helfer/in die Kerzen mit einem Docht entzünden. Nachdem alle Kerzen entzündet sind, wird noch einmal die erste Strophe des Adventskranzliedes gesungen:

Lied: Eine Kerze leuchtet weit

1. Strophe

Fürbitten

Leiter/in: Die erste Kerze brennt! An jedem Sonntag wird es nun ein bisschen heller. So bitten wir Gott, dass es auch in unserer Welt heller, freundlicher und schöner wird:

Sprecher/in: Wir beten für alle Menschen, die krank und verzweifelt sind: Öffne ihre Ohren, damit sie deine frohe Botschaft hören und neuen Mut fassen. Guter Gott, öffne ihre Ohren.

Alle: Guter Gott, öffne ihre Ohren!

Sprecher/in: Wir beten für alle Völker, die unter Krieg und Gewalt leiden: Öffne ihre Augen, dass sie auf Jesus, das Licht der Welt schauen und die Hoffnung auf Frieden nicht verlieren. Guter Gott, öffne ihre Augen.

Alle: Guter Gott, öffne ihre Augen!

Sprecher/in: Wir beten für unsere Familien, die sich um den Adventskranz versammeln. Öffne ihre Herzen, damit sie deine Liebe spüren und froh miteinander singen und spielen. Guter Gott, öffne ihre Herzen.

Alle: Guter Gott, öffne ihre Herzen!

Sprecher/in: Wir bitten für alle Christen, die sich auf das Weihnachtsfest vorbereiten. Öffne ihre Hände, dass sie deine Liebe weiterschenken und anpacken, wo Hilfe nötig ist. Guter Gott, öffne ihre Hände.

Alle: Guter Gott, öffne ihre Hände!

Leiter/in: Alle unsere Bitten fassen wir zusammen in dem Gebet, das Jesus uns gelehrt hat:

Vaterunser

Friedensgruß

Da in den Reihen die Adventskränze mit den brennenden Kerzen stehen, ist es sinnvoll, diesmal auf den Austausch des Friedensgrußes durch Händereichen zu verzichten und sich auf die gesungene Friedensbitte zu beschränken.

Jesus hat seine Jünger und uns alle ermahnt: „Seid wachsam!“ *(Glöckchen)* Nur wenn wir aufmerksam sind und unsere Ohren und unsere Augen, unser Herz und unsere Hände öffnen für Gott und für die Menschen, dann kann der Frieden unter uns wachsen. Dazu brauchen wir den Segen und die Hilfe Gottes. Darum bitten wir Jesus, dass er unserer Welt den Frieden bringt:

Liedruf

Refrain des Liedes „Maranatha“ (S. 43): Maranatha! Komm, Herr Jesus, komm, und bring in unsre dunkle Welt Frieden und Schalom!

Dankgebet

Lasset uns beten *(Glöckchen)*:
Lieber Gott, wir freuen uns, dass nun der Advent begonnen hat und dass wir bald miteinander Weihnachten feiern dürfen.
Der Adventskranz und die Glöckchen helfen uns beim Warten.
Sie sagen uns: „Seid wachsam!“ *(Glöckchen)*
Lass uns auf die Botschaft Jesu hören und die Not der Menschen sehen. Dann wird es immer heller in unserer Welt. Amen.

Segen

Schlusslied **Durch die Nacht – Kanon**

Seite 41

Öffnet die Tore: Jesus kommt

(Thomas Brunnhuber)

Für das Vorbereitungsteam

Advent heißt Warten auf Jesus.

Vorzubereiten ist:

- Acht größere Kinder werden im Vorfeld gebeten, dass sie Kleidung in braunen Farbtönen tragen. Sie stellen vier Tore dar, durch die hindurch andere Kinder ziehen (etwa sechzehn Kinder). Vorher ausprobieren!
- Alle (außer den „Torkindern") tragen brennende Kerzen in den Händen, die mit einem Wind- oder Tropfschutz versehen sind. Vorsicht: Die Kerzen vor sich und nicht zu hoch halten!
- Während der Gestaltung kommt ein „improvisierter Klangteppich" vor. Verschiedenes Klangwerk (Glockenspiele, Xylophone, Metallophone) wird in einer Pentatonik hergerichtet (z. B. auf C: C – E – G – C). Durch ein gemeinsames ametrisches Spiel (ohne Einhaltung eines Taktes oder Rhythmus') ergibt sich ein schöner Klang.
- Für die Kinder als Willkommens- und Grußsymbol und zum Mitnehmen nach Hause: Papierfähnchen (zur Bastelvorlage s. Seite 47. Zur Fertigstellung werden außerdem Holzstäbchen, z. B. längere Schaschlikspieße, in derselben Anzahl wie Papierfähnchen benötigt.)

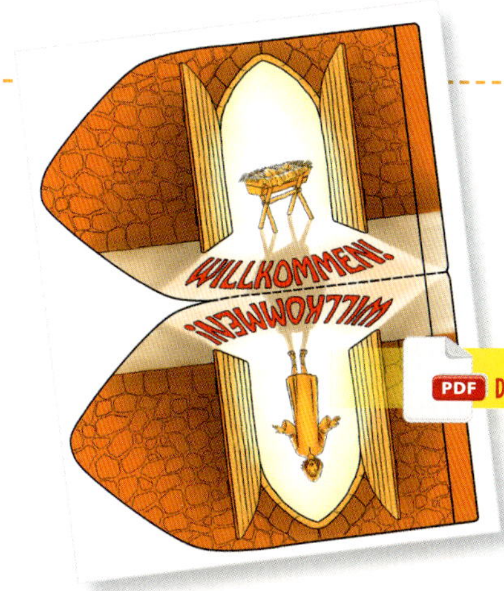

PDF Mit Download

Eingangslied — Licht, das unsre Nacht durchbricht – Kanon

Text und Musik: Martin Göth © beim Autor

Begrüßung

Liebe Kinder! Ihr habt alle am Eingang ein Fähnchen bekommen. Sagt doch mal: Wo habt ihr denn so ein Fähnchen schon einmal gesehen? An was erinnert es euch und: Wozu braucht man es?

Mit einem Fähnchen kann man jemanden zujubeln. Wir befinden uns in der Adventszeit. Wir warten auf Jesus. Weihnachten kommt immer näher. Darum haben einige Kinder einen Kerzenreigen vorbereitet.

Immer wenn ihr „Öffnet die Tore" hört, dann winkt ganz kräftig mit euren Fähnchen!

Impuls zum Thema — Kerzenreigen

- *Mit einem Schlag auf einen großen Gong oder ein großes Becken wird der Kerzenreigen eröffnet.*
- *Die acht „Torkinder" (siehe oben: Hinweise zur Vorbereitung) ziehen paarweise zu einem mit Orffinstrumenten gespielten Klangteppich ein und stellen sich im Mittelgang (im gleichen Abstand, evtl. an markierten Stellen) gegenüber auf.*

- *Beim Ruf* „Öffnet die Tore! Öffnet die Tore! Denn kommen will der König der Herrlichkeit!" *strecken die sich gegenüber stehenden „Torkinder" ihre Arme nach oben aus, sodass sich die Hände berühren und somit gemeinsam ein Tor gebildet wird. Vier Tore zeigen sich auf diese Weise im Mittelgang.*
- *Die anderen Kinder ziehen mit ihren brennenden Kerzen durch die vier Tore von hinten nach vorne. Dazu wird (vom Kantor/einem Vorsänger) die erste Strophe gesungen:* „Erhebe dich und werde Licht, da kommen will dein Licht! Über dir erstrahlt die Herrlichkeit des Herrn!"
- *Die „Kerzenkinder" stellen sich vor dem Altar auf, die „Torkinder" senken die Arme, gehen zum Altar und stellen sich an den vier Seiten oder Ecken wieder gegenüber (mit gesenkten Armen) auf. Dazu erklingt mit Orffinstrumenten wieder ein improvisierter „Klangteppich".*
- *Erneut wird der Kehrvers* („Öffnet die Tore! Öffnet die Tore! Denn kommen will der König der Herrlichkeit!"*) gesungen, die Tore öffnen sich wieder und die „Kerzenkinder" ziehen zur zweiten Strophe hindurch*: „Finsternis bedeckt noch die Erde und Dunkel die Völker!" *Danach bleiben sie stehen, es ist wieder der „Klangteppich" zu hören, die Tore senken sich und ruhen sich währenddessen aus.*
- *Erneut erschallt der Kehrvers, die Tore werden wieder geöffnet und die „Kerzenkinder" ziehen noch einmal zum Gesang der dritten Strophe hindurch:* „Doch über dir erstrahlt der Herr. Über dir wird seine Herrlichkeit geschaut. Völker gehen in deinem Licht. Könige in deinem Strahlenglanz!"
- *Danach folgt wieder der „Klangteppich", alle Kinder stellen die Kerzen (in Haltern oder in kleinen Sandkästen auf den Altarseiten oder vor dem Hochaltar bzw. auf einen Seitenaltar) ab und gehen in die freigehaltenen Bänke.*
- *Schließlich wird die Osterkerze entzündet.*
- *Mit einem Schlag auf den Gong oder das Becken findet der Reigen sein Ende.*

(nach Franz Fischereder)

Lied: Öffnet die Tore weit

Text: Franz Fischereder; Musik: Martin Göth © bei den Autoren

Kyrie I

Text und Musik: Martin Göth © beim Autor

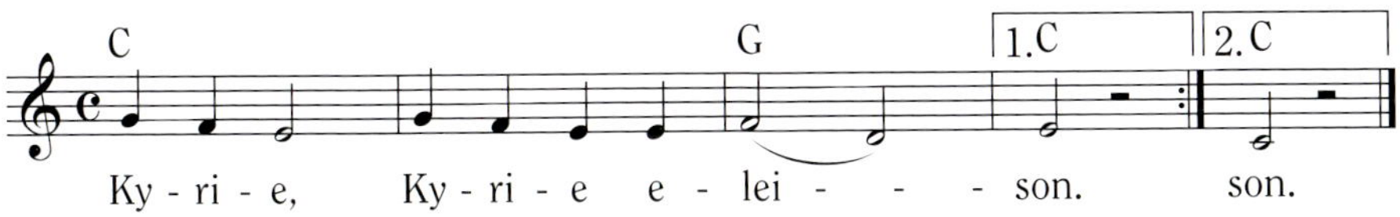

Leiter/in: Wenn wir das Licht einer Kerze sehen, dann dürfen wir an Jesus denken, der einmal gesagt hat: „Ich bin das Licht der Welt!" Begrüßen wir ihn in unserer Mitte: Jesus, du bist das Licht, das unser Leben hell macht.

Alle: Kyrie ...

Sprecher/in: Jesus, du bist der Weg, der uns durch das Leben führt.

Alle: Kyrie ...

Sprecher/in: Jesus, du bist das Wort, das uns weiterhilft und alles gut macht.

Alle: Kyrie ...

Leiter/in: Guter Gott! Deine Worte sind großartig. Wir kennen sie aus der Heiligen Schrift. In der Bibel lesen wir von Jesus. Jesus hat Gutes gesagt und Gutes getan. Schenke uns deine Kraft und deine Güte, damit wir kraftvoll und gütig mithelfen, wo es notwendig ist. Amen.

Bibelstelle „Auf, werde licht"

Es gab eine Zeit, da war Jesus noch nicht auf der Welt. Scheinbar war es dunkel, denn jemand hat den Satz aufgeschrieben: „Auf, werde licht, denn es kommt dein Licht."

Was denkt ihr: Wann (oder warum) kann es auf der Welt dunkel sein? ... Es gibt eine Dunkelheit außen und es gibt eine Dunkelheit innen, im Menschen drinnen: Wenn etwas weh tut, wenn etwas nicht mehr da ist usw. ...

Wenn jemand von einem anderen unterdrückt wird, dann ist es auch dunkel. So war es, bevor Jesus geboren wurde: Das Volk, zu dem Maria und Josef, die Eltern Jesu, gehörten, wurde von den Römern unterdrückt. Und mit den Römern war nicht zu spaßen.

In dieser dunklen Zeit erinnerte man sich an die Worte eines Menschen, die aufgeschrieben sind. Es sind schöne Worte, weil sie vom Licht sprechen. Diese Worte machten den Menschen wieder Mut. Und sie sagten zueinander: Uns wird ein Retter, ein Heiland geboren werden, der uns erlöst und befreit. Jetzt war die Zeit gekommen und Jesus sollte geboren werden.

Ach ja, die Worte mit dem Licht! Die hat uns einer aufgeschrieben, der Jesaja heißt. Und sie gehen so: „Auf, werde licht, denn es kommt dein Licht und die Herrlichkeit des Herrn geht leuchtend auf über dir. Denn siehe, Finsternis bedeckt die Erde und Dunkel die Völker, doch über dir geht leuchtend der Herr auf, seine Herrlichkeit erscheint über dir. Völker wandern zu deinem Licht und Könige zu deinem strahlenden Glanz.

Blick auf und schau umher: Sie alle versammeln sich und kommen zu dir. Deine Söhne kommen von fern, deine Töchter trägt man auf den Armen herbei.

Du wirst es sehen und du wirst strahlen, dein Herz bebt vor Freude und öffnet sich weit. Denn der Reichtum des Meeres strömt dir zu, die Schätze der Völker kommen zu dir. Zahllose Kamele bedecken dein Land, Dro-

medare aus Midian und Efa. Alle kommen von Saba, bringen Weihrauch und Gold und verkünden die ruhmreichen Taten des Herrn.“
(Jesaja 60,1–6)

Aktion

Die Kinder kommen in den Altarraum. Es liegen Buntstifte, Wachsmalkreiden und Unterlagen bereit. Sie verzieren und bemalen einige wenige Minuten ihre Fähnchen (zu instrumentaler Musik). Danach stellen sich alle um den Altar auf.

Fürbitten

Als Antwort-Ruf: Licht-Kanon, die ersten zwei Einsätze (S. 16)

Leiter/in: Guter Gott! Wir bitten für alle Menschen, die einen Lichtblick in ihrem Leben brauchen:
Sprecher/in: Wir bitten für die alten Menschen:
Alle: *Liedruf:* Licht, Licht ...
Sprecher/in: Wir bitten für die Menschen mit einer Behinderung:

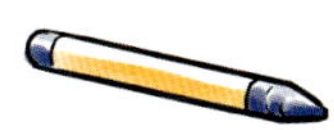

Alle: *Liedruf:* Licht, Licht ...
Sprecher/in: Wir bitten für die kranken Menschen:
Alle: *Liedruf:* Licht, Licht ...
Sprecher/in: Wir bitten für die einsamen Menschen:
Alle: *Liedruf:* Licht, Licht ...

Zum Schluss kann der ganze Kanon gesungen werden.

Vaterunser

Friedensgruß

Wir wünschen uns den Frieden. Wir wünschen uns Leben, Gesundheit und Heil. Wir wünschen uns, dass es hell und schön wird in unserem Leben. Wenn wir uns den Frieden wünschen, dann winken wir uns (nacheinander oder zu zweit) mit unserem Fähnchen zu und sagen: Der Friede sei mit dir!

Friedenslied

Friede sei mit dir – Kanon

Text und Musik: Martin Göth © beim Autor

Dankgebet

Guter Gott. Wir haben miteinander Gottesdienst gefeiert.
Wir freuen uns, dass Jesus bald kommen wird. Wir wissen: Er ist das Licht der Welt.
Bleib du uns nahe, guter Gott, wenn wir jetzt nach Hause gehen.
Wir wollen daran denken: Auch wir können Licht füreinander und für andere sein.
Dazu gib uns deinen Segen und schicke du uns wie Lichtstrahlen hinaus in die Welt.
Amen.

Segen

Schlusslied Maranatha

Seite 43

Guter Bischof Nikolaus

(Martin Göth)

Für das Vorbereitungsteam

Ziel dieses Gottesdienstes ist, den heiligen Bischof Nikolaus als gütigen Bischof zu erfahren, zu dem die Menschen kommen konnten, um ihn um Hilfe zu bitten.

Von Bischof Nikolaus (ca. 280/286 – 6. Dezember 343/351) gibt es verschiedene bekannte Geschichten und Legenden, z. B. das Kornwunder oder die Geschichte von den drei armen Mädchen, denen er mit drei goldenen Äpfeln hilft, damit sie heiraten können. Bei diesem Gottesdienst steht die Legende im Mittelpunkt, in der Bischof Nikolaus Seefahrern hilft, die in Seenot geraten sind. Wichtig ist es, den Kindern zu vermitteln, dass die Menschen zur damaligen Zeit mit ihren Anliegen zu Bischof Nikolaus kamen, der in seinem unerschütterlichen Glauben diese Anliegen der Menschen im Gebet vor Gott trug und von Gott erhört wurde. Für diese Legende ist die Seesturmerzählung aus dem Neuen Testament bestens geeignet.

Vorzubereiten ist:

Für die Aktion ist ein Spiellied vorgesehen: „Sankt Nikolaus, o hilf". Dazu wird benötigt:

- Blaue Tücher (oder Servietten) für die Wellen, die an die Kinder verteilt werden
- Ein braunes/schwarzes Tuch/Karton, ca. 2 x 0,80 m (alternativ: mehrere Rhythmiktücher von Kindern gehalten), um das Schiff darzustellen.
- Mitspieler: Bischof Nikolaus, Schiffskapitän, drei oder vier Seefahrerkinder (können spontan bestimmt werden), Wellenkinder: alle Kinder mit ihren blauen Tüchern.
- Zum Mitgeben am Ende des Gottesdienstes: Ausmalvorlage „Nikolaus" (Seite 47)

Eingangslied Willkommen, lieber Nikolaus

Seite 44

Begrüßung

Liebe Kinder, liebe Eltern, liebe Brüder und Schwestern. Heute feiern wir den Namenstag von einem ganz bekannten Bischof. *(– Bischof Nikolaus)* Bischof Nikolaus ist mit uns bereits eingezogen. Leider wird er in der heutigen Zeit oft mit dem Weihnachtsmann verwechselt. Aber ihr seht, unser Bischof Nikolaus trägt eine Mitra *(zeigt auf die Mitra)* und hat einen Bischofsstab *(zeigt Bischofsstab)*. – Als Bischof Nikolaus vor 1700 Jahren in Myra gelebt hat, da hat er den Menschen, die in Not waren, geholfen. Immer hat Bischof Nikolaus auf Gott vertraut. Er hat ihn um Hilfe gebeten, wenn er oder wenn die Menschen in Not waren. Auch wir wollen Gott zu Beginn unserer Feier in unsere Mitte einladen:

Kyrie

Leiter/in: Guter Gott, du hilfst Menschen, wenn sie zu dir rufen:
Alle: Herr, erbarme dich. *(Gesprochen oder gesungen: s. Seite 39)*
Sprecher/in: Guter Gott, du hast Jesus in die Welt geschickt, dass er den Menschen von deiner Liebe und Güte erzählt.
Alle: Christus, erbarme dich.
Sprecher/in: Guter Gott, Jesus hat die Menschen so geliebt, dass er sogar sein Leben für sie hingab.
Alle: Herr, erbarme dich.
Leiter/in: Sei du in unserer Mitte, darum bitten wir dich durch Christus, unseren Herrn.
Alle: Amen.

Bibelstelle Der Sturm auf dem See

Jesus ist mit seinen Jüngern unterwegs und kommt mit ihnen zum See Gennesaret. Ein anstrengender Tag liegt hinter ihnen. Jesus hat gepredigt, Menschen geheilt und ihnen Mut gemacht. Die Jünger und Jesus sind müde. Da sagt Jesus zu ihnen: „Wir wollen mit dem Schiff ans andere Ufer fahren und uns ein wenig ausruhen." Die Jünger schicken die Menschen nach Hause und sie steigen ins Boot. Sie sind schon einige Zeit unterwegs, da braust plötzlich ein heftiger Sturm über den See. Das Boot wird hin und her gerissen, die Wellen schlagen über die Bootswand und alle drohen unterzugehen. Immer mehr Wasser kommt ins Boot und die Menschen haben große Angst. Jesus schläft und die Jünger rufen: „Jesus, wir gehen unter. Bitte hilf uns. Wir versinken."
Da steht Jesus auf, erhebt die Hände und spricht zum Unwetter: „Schweig, sei still!" Und der Wind legt sich, die Wellen hören auf und es ist vollkommen still. Da sieht er seine Freunde ganz freundlich an und sagt: „Ihr müsst keine Angst haben. Ich bin bei euch. Euch wird nichts geschehen, wenn ihr auf den guten Gott vertraut."
Die Leute staunen über Jesus und sie fragen sich: „Was ist das für ein Mensch, dass ihm sogar die Winde und der See gehorchen?"
(Markus 4,35–41 // Matthäus 8,23–27 // Lukas 8,22–25)

Aktion Spiellied: Sankt Nikolaus, o hilf!

Jesus hat damals die Jünger vor dem großen Seesturm bewahrt. Auch über Bischof Nikolaus erzählt man sich, dass er durch seine Fürsprache Wundertaten vollbracht hat, so auch für die Seefahrer, die immer wieder in Seenot gerieten. Aber seht selbst:

Die Kinder kommen mit ihren blauen Tüchern/Servietten nach vorne und setzen sich. In die Mitte hinein stellen sich die Kinder mit dem braunen/schwarzen Schiffstuch. Dahinter stellen sich der Kapitän und die Seefahrerkinder. – Nun wird pantomimisch zu dem Lied gespielt.

Sankt Nikolaus, o hilf

Text: Helmut Degenhart; Musik: Martin Göth © bei den Autoren

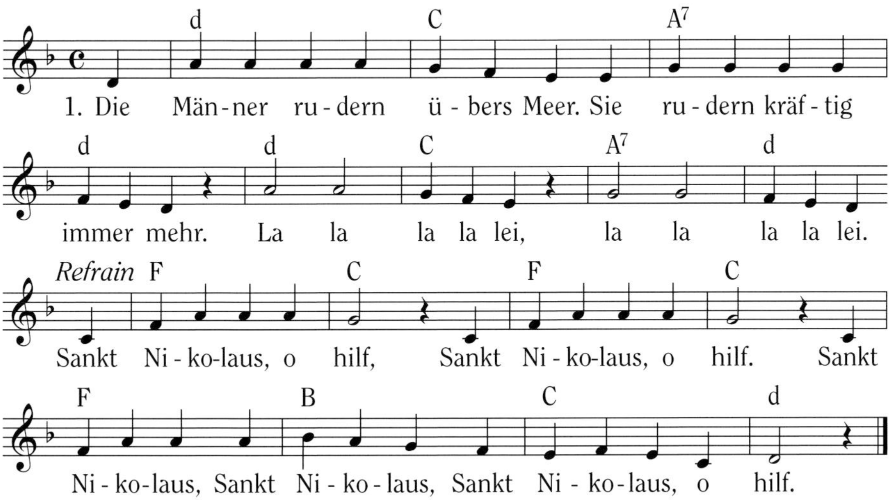

2. Da kommt ein Sturm, es schwankt das Schiff.
Die Männer kämpfen, es naht ein Riff.
La, la, la ... *Refrain*

3. Die Nacht bricht an, es zucken Blitze,
der Mast, er bricht, verliert die Spitze.
La, la, la ... *Refrain*

4. Die Wellen schlagen übers Boot,
   die Männer sind in großer Not.
   La, la, la ... *Refrain*
5. In ihrer Not, da flehn sie dann,
   zu Nikolaus, der helfen kann:
   La, la, la ... *Refrain*

Instrumental: (8 Takte dm)

6. Ein heller Schein, am Bug ein Licht,
   der Sturm lässt nach, das Unheil bricht.
   La, la, la ... *Refrain* St. Nikolaus, hab Dank ...

So hat Bischof Nikolaus den Seeleuten geholfen. Er hat sie durch seine Fürsprache vor dem großen Sturm bewahrt, wie ihr gesehen habt. Und die Seeleute haben ihn zum Dank dafür zu ihrem Schutzpatron erkoren.

Fürbitten

Leiter/in: Guter Gott. Du hilfst den Menschen, wenn sie mit ihren Bitten zu dir kommen. So bringen wir voll Vertrauen auf deine Liebe und Güte unsere Bitten vor dich:
Sprecher/in: Guter Gott, stärke unseren Glauben:
Alle: Wir bitten dich, erhöre uns!
Sprecher/in: Guter Gott, hilf den Menschen, die in Not sind:
Alle: Wir bitten dich, erhöre uns!
Sprecher/in: Guter Gott, gib uns Mut, dass wir nicht verzweifeln, wenn wir einmal nicht mehr weiterwissen:
Alle: Wir bitten dich, erhöre uns!
Sprecher/in: Guter Gott, schenke den Verstorbenen Freude bei dir.
Alle: Wir bitten dich, erhöre uns!

Vaterunser

Zu Gott, der unsere Nöte und Ängste kennt, wollen wir beten, wie Jesus es uns gelehrt hat. Vater unser ...

Friedensgruß

Jesus hat dem Sturm geboten, dass er still sein soll. Und es kehrte Ruhe, Stille und Frieden ein. Auch in unserem Leben toben oft Stürme und wir haben Angst. Jesus, schenk du uns deinen Frieden.

Friedenslied Gute Menschen, heilige Menschen

Seite 46

Dankgebet

Guter Gott. Du hilfst Menschen, wenn sie in Not sind. Wir danken dir, dass du bei uns bist, wenn die Lebensstürme unsere Boote zum Überlaufen bringen.
Wir danken dir, dass du die Stürme unseres Lebens beruhigst.
Amen.

Segen

Schlusslied Guter Bischof Nikolaus

Seite 45

Die sieben Flammen des Lebens
(Paul Weininger)

Für das Vorbereitungsteam

Im Mittelpunkt der Advents- und Weihnachtszeit steht das Licht als Symbol – passend dazu ein Gottesdienst zum Luziatag

Das Fest der hl. Luzia greift die Licht-Symbolik der Adventszeit durch den Lichterkranz in besonderer Weise auf. Die Deutung der einzelnen Kerzen durch eine alte jüdische Volksweisheit stellt eine Verbindung zum eigenen Leben her.

Für den Gottesdienst wird benötigt:

- Lichterkranz mit sieben Kerzen. Der Lichterkranz kann leicht selbst gebastelt werden. Gebraucht wird ein Strohkranz, wie er für Adventskränze erhältlich ist, in den sieben Kerzenhalter gesteckt und am besten mit Heißkleber stabilisiert werden. Lichterkränze sind auch erhältlich beim Bonifatiuswerk, Kamp 22, 33098 Paderborn. Eine sinnvolle weil sichere Alternative sind Lichterkränze mit elektrischem Licht.
- Ein Mädchen als Luzia, ein Kind als Sternträger, zwei weitere Kinder als Begleiter
- Sieben Plakate mit der Aufschrift: „Hunger" – „Durst" – „Sprache" – „Musik" – „Leidenschaft" – „Liebe" – „Gott". Die Plakate können von den Kindern bei der Vorbereitung des Gottesdienstes mit entsprechenden Bildern/Symbolen verziert werden.
- Jesus-Kerze
- Weißes Kleid für „Luzia"
- Teelichter für die Kinder
- Zum Mitgeben am Ende des Gottsdienstes: Luzia-Sticker

Eingangslied Öffnet die Tore weit

Seite 18

Die hl. Luzia zieht mit einem Sternträger und zwei Begleitern ein. Den Lichterkranz trägt sie wenn möglich auf dem Kopf oder in den Händen. Die Kerzen der Krone brennen/leuchten noch nicht.

Begrüßung

Jetzt in der dunklen Jahreszeit sehnen wir uns alle nach Licht. Als Zeichen für diese Sehnsucht habt ihr eine kleine Kerze bekommen, die noch nicht brennt. In Italien und in Schweden feiern die Christen mitten im Advent sogar ein eigenes „Fest des Lichtes". Es ist am Gedenktag der hl. Luzia, am 13. Dezember. Deswegen ist heute die hl. Luzia bei uns.

Der Name Luzia bedeutet „die Leuchtende". Luzia lebte um das Jahr 300 in Sizilien. Damals wurden die Christen wegen ihres Glaubens vom römischen Kaiser verfolgt und mussten sich verstecken. Luzia versorgte sie in der Nacht mit Lebensmitteln. Die Legende erzählt, dass sich Luzia dabei einen Lichterkranz aufsetzte. So konnte sie im Dunkeln den Weg finden und hatte trotzdem die Hände frei, um die Speisen tragen und verteilen zu können.

Kyrie

Leiter/in: Noch brennen die sieben Kerzen auf dem Lichterkranz und eure Kerzen nicht. Bevor wir sie entzünden, wenden wir uns an Jesus, der von sich gesagt hat: „Ich bin das Licht der Welt!“ Wir grüßen Jesus im Kyrielied:

Zu den Kyrie-Rufen wird die Jesus-Kerze aufgestellt. Als Kyrie-Ruf, Seite 39

Leiter/in: Jesus, du bist das Licht, das unser Leben hell macht.
Alle: Kyrie ...
Leiter/in: Jesus, du berufst Menschen, die dein Licht zu den Menschen bringen.
Alle: Kyrie ...
Leiter/in: Jesus, du willst auch in uns die Flammen des Lebens entzünden.
Alle: Kyrie ...
Leiter/in: Guter Gott, voll Sehnsucht warten wir auf das Geburtsfest Jesu. Mach uns bereit für dein Licht, damit Weihnachten für alle Menschen ein Fest der Freude wird. Amen.

Lied Licht, das unsre Nacht durchbricht – Kanon

Text und Musik: Martin Göth © beim Autor

Bibelstelle Das wahre Licht

Johannes der Täufer ist von Gott gesandt, um die Menschen auf Jesus, das wahre Licht der Welt, hinzuweisen. Im Evangelium nach Johannes heißt es:
Ein Mensch trat auf, der von Gott gesandt war; sein Name war Johannes. Er kam als Zeuge, um Zeugnis abzulegen für das Licht, damit alle durch ihn zum Glauben kommen. Das wahre Licht, das jeden Menschen erleuchtet, kam in die Welt. Allen, die ihn aufnahmen, gab er Macht, Kinder Gottes zu werden.
(Johannes 1,6–12)

Aktion Die sieben Flammen des Lebens

Jesus ist das wahre Licht, das in die Welt kam. Wir Christen wissen, dass wir wie Jesus Licht sein dürfen und sein können. Eine alte jüdische Volksweisheit erzählt: In jedem Menschen brennen sieben Flammen.

Lied: Licht, das unsre Nacht durchbricht – Kanon

Der Reihe nach werden die sieben Kerzen des Lichterkranzes mit der Jesus-Kerze entzündet und die Plakate aufgestellt.

Luzia: Wir entzünden die Flamme des Hungers.
Sprecher/in: Hunger spüren die Menschen von Anfang an. Wer immer Hunger leiden muss, wird krank und ist in Lebensgefahr. Es gibt auch den „Hunger des Herzens“: Hunger nach Gerechtigkeit, Hunger nach Liebe, Hunger nach Gemeinschaft!

Luzia: Wir entzünden die Flamme des Durstes.

Sprecher/in: Ein Mensch kann einen Monat lang ohne Essen leben, aber nur wenige Tage ohne Wasser/Trinken. Wasser ist Leben. Es gibt aber auch den „Wissensdurst“: den Durst nach Erkenntnis, den Durst danach, etwas Neues zu wagen.

Luzia: Wir entzünden die Flamme der Sprache.

Sprecher/in: Es ist ein Wunder, dass ein Mensch dem anderen sagen kann, was er denkt. Die Sprache kann Menschen zueinanderführen und verbinden. Worte können aber auch verletzen und beleidigen.

Luzia: Wir entzünden die Flamme der Musik.

Sprecher/in: Musik ist wunderbar. Musik zeigt Gefühle und Stimmungen. Musik schließt den Himmel auf. Musik lädt ein zum Träumen, zum Tanzen und zum Singen.

Lied: Licht-Kanon

Luzia: Wir entzünden die Flamme der Leidenschaft.

Sprecher/in: Leidenschaft ist die Begeisterung für eine gute Sache. Leidenschaft kennt aber auch das Leiden. Deshalb gehört zur Freude das Leid.

Luzia: Wir entzünden die Flamme der Liebe.

Sprecher/in: Liebe ist das Größte und Schönste in unserem Leben. Die Liebe verleiht ungeahnte Kräfte. Die Liebe überwindet sogar den Tod.

Luzia: Wir entzünden die Flamme Gottes. Gott ist die siebte und letzte Flamme unseres Lebens. Wir Menschen müssen erst Hunger und Durst, Sprache und Musik, Leidenschaft und Liebe kennenlernen, dann erst entdecken wir Gott. Wer die Flamme Gottes auslöscht, löscht einen Teil von sich selbst aus.

Lied: Licht-Kanon

Fürbitten

Leiter/in: Die hl. Luzia hat Jesus, das Licht der Welt, in der Dunkelheit ihrer Zeit zu den Menschen gebracht. An ihn wenden auch wir uns mit unseren Bitten für die notleidenden Menschen unserer Zeit und rufen: Mache ihr Leben hell!

Sprecher/in: Wir bitten für alle, die Hunger leiden: Jesus, Licht der Welt:

Alle: Mache ihr Leben hell!

Sprecher/in: Wir bitten für alle, die Durst haben: Jesus, Licht der Welt:

Alle: Mache ihr Leben hell!

Sprecher/in: Wir bitten für alle, die niemanden haben, mit dem sie sprechen können: Jesus, Licht der Welt:

Alle: Mache ihr Leben hell!

Sprecher/in: Wir bitten für alle, die durch ihre Musik anderen Freude machen. Jesus, Licht der Welt:

Alle: Mache ihr Leben hell!

Sprecher/in: Wir bitten für alle, die ein schweres Leid zu tragen haben. Jesus, Licht der Welt:

Alle: Mache ihr Leben hell!

Sprecher/in: Wir bitten für alle, die ohne Liebe leben. Jesus, Licht der Welt:

Alle: Mache ihr Leben hell!

Sprecher/in: Wir bitten für alle, die Gott suchen. Jesus, Licht der Welt:

Alle: Mache ihr Leben hell!

Leiter/in: Denn dann wird es auch in unserem Leben hell und wir können Weihnachten mit echter Freude feiern. Amen.

Vaterunser

Friedensgruß mit Entzünden der Lichter

Zu unserem Leben gehören alle sieben Flammen: Hunger, Durst, Sprache, Musik, Leidenschaft, Liebe und Gott. Jede dieser Flammen will Jesus in uns entzünden, und wir sollen diese Flammen weitergeben. Dann wird Frieden herrschen unter den Menschen. So entzünden wir nun eure kleinen Kerzen. Dann könnt ihr zu den Erwachsenen gehen und ihnen wünschen: Der Friede sei mit dir!
Die Kinder kommen mit ihren Teelichtern nach vorne. Leiter/in (und evtl. Helfer) entzünden die Teelichter an den Kerzen des Lichterkranzes und wünschen beim Entzünden: Der Friede sei mit dir!

Friedenslied Frieden mit der ganzen Welt

Seite 40

Dankgebet

Lieber Gott, unsere Kerzen erinnern uns an Jesus, das Licht der Welt.
Wir danken dir, dass du durch ihn unser Leben hell machst.
Mache uns bereit, dein Licht weiterzugeben, damit Weihnachten für alle Menschen ein Fest der Freude wird.
Segne uns jetzt und alle Tage unseres Lebens. Amen.

Segen

Schlusslied Durch die Nacht – Kanon

Seite 41

Eingangslied

Für Jesus will ich singen

Text: Rolf Krenzer © Rolf Krenzer Erben, Dillenburg; Musik: Martin Göth © beim Autor

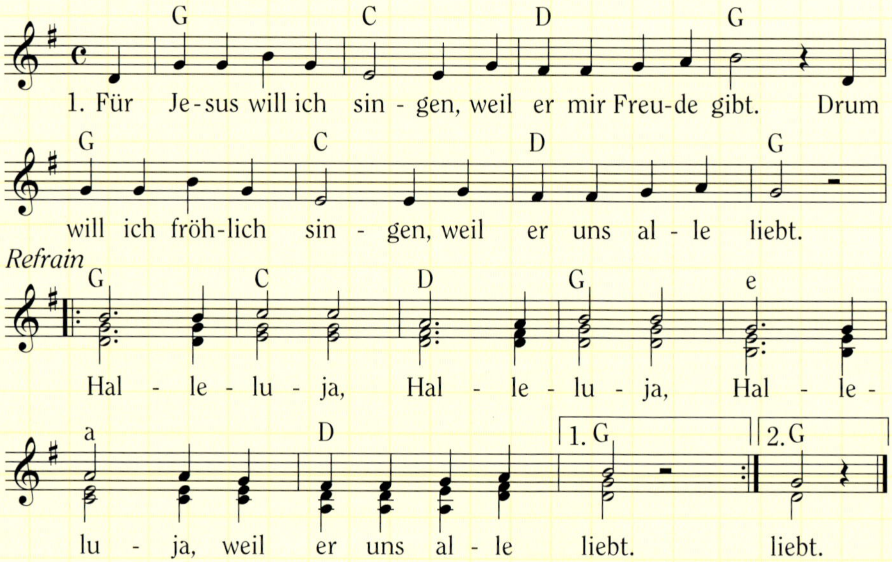

Weitere Strophen:
Für Jesus will ich klatschen ...,
winken ..., tanzen ..., stampfen ...

Kyrie-Rufe

Herr, erbarme dich

Text und Musik: Martin Göth © beim Autor

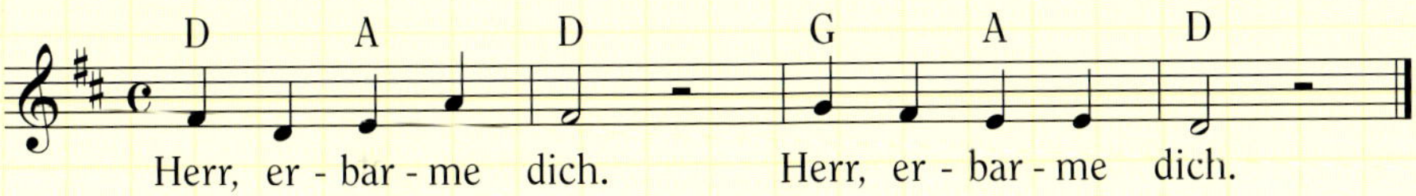

Kyrie I

Text und Musik: Martin Göth © beim Autor

Kyrie II

Text und Musik: Martin Göth © beim Autor

Friedenslied

Frieden mit der ganzen Welt

Text: Paul Weininger; Musik: Martin Göth

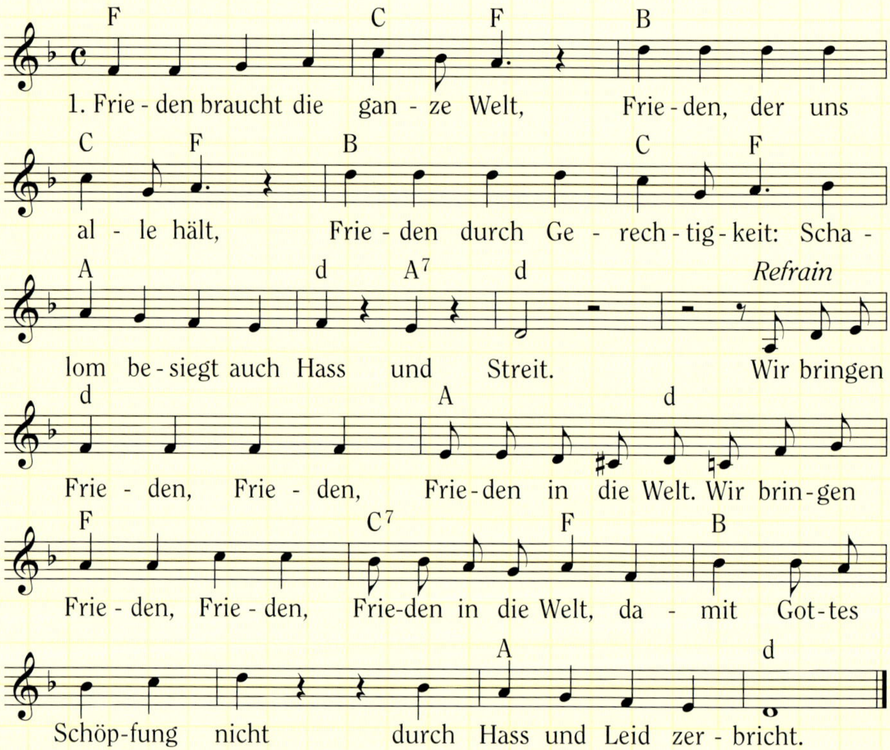

2. Glauben braucht die ganze Welt,
Glauben, der uns alle hält.
Glauben, dass Gott alle liebt,
und dass Gott uns das Leben gibt.
Refrain: Wir bringen Glauben, ...

3. Hoffnung braucht die ganze Welt,
Hoffnung, die uns alle hält.
Hoffnung, die an morgen denkt
und allen Mut and Freude schenkt,
Refrain: Wir bringen Hoffnung, ...

4. Liebe braucht die ganze Welt,
Liebe, die uns alle hält.
Liebe auch zum größten Feind,
dann wird der Fremde auch zum Freund.
Refrain: Wir bringen Liebe, ...

5. Freude braucht die ganze Welt,
Freude, die uns alle hält.
Freude, die uns feiern lässt
mit allen nun ein Friedensfest.
Refrain: Wir bringen Freude, ...

Adventslieder

Durch die Nacht – Kanon

Text: Rolf Krenzer © Rolf Krenzer Erben, Dillenburg; Musik: Martin Göth © beim Autor

Eine Kerze leuchtet weit

Text: Rolf Krenzer © Rolf Krenzer Erben, Dillenburg; Musik: Martin Göth © beim Autor

2. Seht, zwei Kerzen leuchten dann,
dass sich jeder freuen kann.
Und sie sagen's allen dann:
Nun fängt Weihnachten bald an!
Leuchtet weit, leuchtet weit!
Freut euch auf die Weihnachtszeit!

3. Leuchten die drei Kerzen da,
dann ist Weihnachten schon nah!
Und wir sehen schon im Traum
unsern schönen Weihnachtsbaum.
Leuchtet weit, leuchtet weit!
Freut euch auf die Weihnachtszeit!

4. Wenn vier Kerzen leuchten, dann
sind wir schon ganz nahe dran.
Und es liegt der Weihnachtsduft
überall schon in der Luft.
Leuchtet weit, leuchtet weit!
Freut euch auf die Weihnachtszeit!

5. Alle Kerzen brennen! Ja,
Weihnachten ist endlich da!
Und wir singen immer wieder
all die schönen Weihnachtslieder.
Leuchtet weit, leuchtet weit!
Jetzt ist endlich Weihnachtszeit!

Maranatha

Text: Paul Weininger; Musik: Martin Göth © bei den Autoren

2. *Refrain*
Frieden für die Kleinen,
die schwach und hilflos sind.
Herr, schenk du Geborgenheit
und segne jedes Kind!

3. *Refrain*
Frieden für die Großen
Schalom für Frau und Mann.
Frieden für die Mächtigen.
Herr, hör die Bitten an!

4. *Refrain*
Frieden allen Völkern,
Schalom bei Tag und Nacht.
Frieden hier und überall.
Herr, gib auf alle Acht!

„MARANATHA" stammt aus dem Aramäischen, der Sprache Jesu und seiner Jünger/innen, und wurde in der Urkirche als gottesdienstlicher Gebetsruf verwendet. Wörtlich übersetzt bedeutet der Ruf „Der Herr ist gekommen" oder „Herr, komm!".

Heilige

Willkommen, lieber Nikolaus

Text und Musik: Martin Göth © beim Autor

Guter Bischof Nikolaus

Text: Helmut Degenhart; Musik: Martin Göth © bei den Autoren

2. *Refrain*
Jeder bekommt von deinen Gaben;
teilt sie mit anderen; die wenig haben.
So wie du es vor langer Zeit gemacht:
den Hungernden hast Brot gebracht.

3. *Refrain*
Du beschützt uns vor dem Bösen,
Unschuldig Verurteilte kannst du erlösen.
Sorgst überall für Gerechtigkeit,
Gefangene hast du einst selbst befreit.

4. *Refrain*
Mit deinem freundlichen, gütigen Gesicht
gibst du uns Hoffnung und Zuversicht.
Darum, lieber guter Nikolaus,
komm jedes Jahr in unser Haus.

Gute Menschen, heilige Menschen

Text: Paul Weininger; Musik: Martin Göth © bei den Autoren

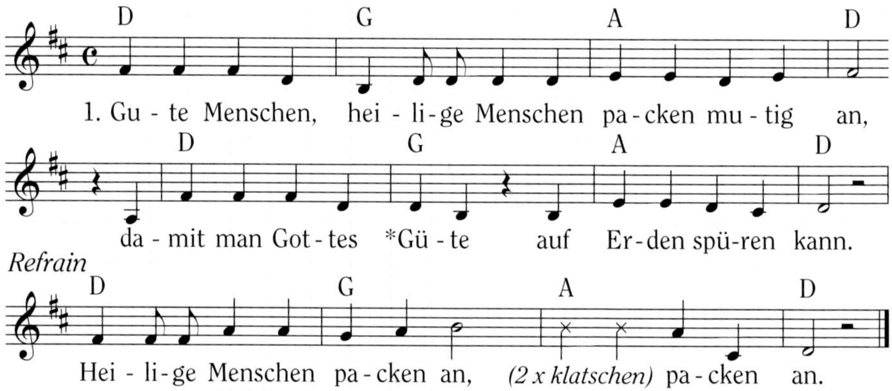

* *Andere Möglichkeiten:*
Liebe, Hilfe, Freunde, Nähe, Sorge *usw.*

Zusatzmaterial zu den Gottesdiensten

Liebe Leserin, lieber Leser,
als Käufer dieses Buches erhalten Sie im Internet kostenloses Zusatzmaterial zum Download. Halten Sie den unten abgedruckten Zusatzcode bereit und gehen Sie auf www.donbosco-medien.de.
Klicken Sie dort auf „Meine Bonus-Seite“ und geben Sie den Code ein. Sie können nun gratis Ihr Zusatzmaterial downladen.

N080e1B5

Mit freundlichen Grüßen
Ihr Don Bosco Verlag

PDF Mit Download

- Zu Gottesdienst 1
  „Seid wachsam!“:
  Bildkarte Advent
- Zu Gottesdienst 2
  „Öffnet die Tore: Jesus kommt“:
  Bastelbogen Fähnchen
- Zu Gottesdienst 3
  „Guter Bischof Nikolaus“:
  Ausmalbild Nikolaus
- Zu Gottesdienst 4
  „Die sieben Flammen des Lebens“:
  Sticker auf beiliegendem Stickerbogen
- Außerdem: alle Lieder

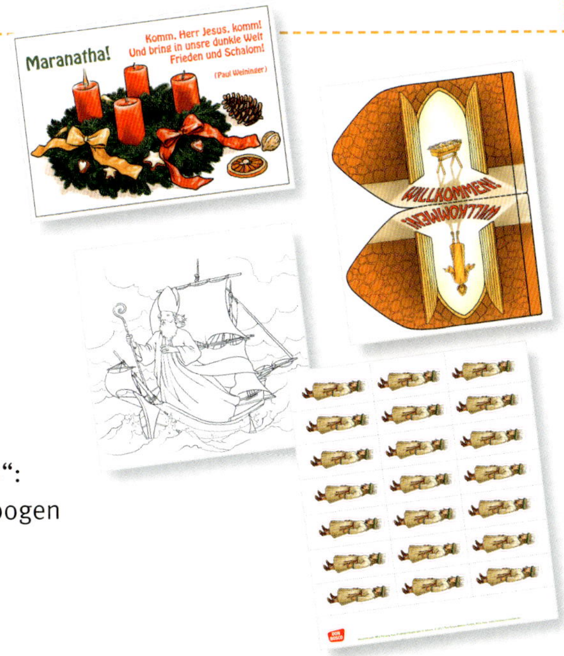

Gerne nehmen wir Ihre Anregungen, Wünsche, Kritik oder Fragen entgegen:
Don Bosco Medien GmbH, Sieboldstraße 11, 81669 München
anregungen@donbosco-medien.de
Servicetelefon: (089) 48008-341

Keine Sticker mehr vorrätig?

Stickerbögen können nachbestellt werden über:
www.donbosco-medien.de

In gleicher Ausstattung erschienen

ISBN 978-3-7698-2007-2

ISBN 978-3-7698-2005-8

Bibliografische Information der Deutschen Nationalbibliothek
Die Deutsche Nationalbibliothek verzeichnet diese Publikation in der Deutschen Nationalbibliografie; detaillierte bibliografische Daten sind im Internet über http://dnb.d-nb.de abrufbar.

1. Auflage 2013 / ISBN 978-3-7698-2006-5

www.donbosco-medien.de
Umschlag und Layout: ReclameBüro München
Illustrationen: Mile Penava
Satz: Don Bosco Medien GmbH, München
Produktion: GrafikMediaProduktionsmanagement, Köln

Gedruckt in Polen